Parques de diversiones de Estados Unidos

Lorin Driggs

Asesor

Brian Allman
Director
Escuelas del Condado de Upshur, Virginia Occidental

Créditos de publicación

Rachelle Cracchiolo, M.S.Ed., *Editora comercial*
Emily R. Smith, M.A.Ed., *Vicepresidenta superior de desarrollo de contenido*
Véronique Bos, *Vicepresidenta de desarrollo creativo*
Dona Herweck Rice, *Gerenta general de contenido*
Caroline Gasca, M.S.Ed., *Gerenta general de contenido*
Dani Neiley, *Editora*
Fabiola Sepulveda, *Diseñadora gráfica de la serie*

Créditos de imágenes: pág.6 Alamy Stock Photo/Incamerastock; pág.8 Getty Images/ Science & Society Picture Library; pág.9 (superior) Alamy Stock Photo/Heritage Image Partnership Ltd; pág.9 (inferior) Library of Congress [LC-USZ62-50927]; pág.10 Boston Public Library Tichnor Brothers collection #65588; pág.13 (superior) Alamy Stock Photo/ Paul Briden; pág.13 (inferior) Shutterstock/Juan Camilo Bernal; pág.14 Alamy Stock Photo/Pictorial Press Ltd; pág.15 Alamy Stock Photo/Everett Collection Incl; pág.16 Getty Images/Pictorial Parade; pág.17 (superior) Cortesía de Fabiola Sepúlveda; pág.17 (inferior) Alamy Stock Photo/Greg Balfour Evans; págs.18–19 Shutterstock/Jerome Labouyrie; pág.19 (inferior) Shutterstock/Chuck Wagner; pág.22 (superior) Shutterstock/ Craig Russell; pág.22 (inferior) Shutterstock/Sarunyu L; pág.23 Alamy Stock Photo/ Stephen Saks Photography; pág.24 Alamy Stock Photo/Yvette Cardozo; pág.25 Alamy Stock Photo/Stephen Searle; pág.25 (izquierda) National Archives/Department of the Interior. Patent Office. (1849–1925); pág.25 (derecha) National Archives/Department of the Interior. Patent Office. (1849–1925); pág.27 Shutterstock/Studio Melange; pág.32 Shutterstock/Sherry V Smith; todas las demás imágenes cortesía de iStock y/o Shutterstock

En la portada se muestra la montaña rusa Mako, que se encuentra en Orlando, Florida.

TCM Teacher Created Materials
5482 Argosy Avenue
Huntington Beach, CA 92649
www.tcmpub.com

ISBN 979-8-7659-6033-2

Printed by: 51497
Printed in: China

Tabla de contenido

Algunas palabras sobre las palabras........4

Un poco de historia divertida.............6

Clásicos que nunca fallan................10

La genial idea de Walt Disney............14

Los preferidos del público...............20

Adrenalina, emoción y risas por igual.....26

¡Haz un mapa!..........................28

Glosario..............................30

Índice................................31

¡Aprende más!..........................32

Algunas palabras sobre las palabras

¿Qué es exactamente un parque de diversiones? Para saberlo, repasemos el significado de *divertirse*. Significa "entretenerse" o "pasar el tiempo de forma alegre". Y eso es justo lo que hace la gente en los parques de diversiones.

En Estados Unidos hay muchos de estos lugares divertidos. Antes de conocerlos mejor, respondamos unas preguntas.

¿Qué diferencia hay entre los parques de diversiones y los parques temáticos? En realidad, los parques temáticos son parques de diversiones. Como cualquier parque de diversiones, los parques temáticos tienen juegos y otras atracciones divertidas, como montañas rusas, carruseles y lugares para comer. La diferencia es que todos los juegos y las atracciones de los parques temáticos tienen algo en común. Comparten un tema. El tema puede ser algo relacionado con las películas, alguna celebración, el mar, un lugar en particular o, incluso, una empresa o un producto.

Navy Pier, parque de diversiones en Chicago

Las primeras ferias

Se estima que hay unas 2,000 ferias en los distintos condados y estados del país. Son una tradición estadounidense que empezó a principios del siglo XIX. Originalmente, se relacionaban con la **agricultura**. Los granjeros compraban y vendían ganado y productos agrícolas en las ferias. Con el paso del tiempo, se fueron agregando atracciones y concursos.

¿También son parques de diversiones las ferias? ¡No! Esta respuesta es mucho más sencilla. Los parques de diversiones están siempre en el mismo sitio. Las ferias van y vienen. Algunas ferias llevan sus atracciones de ciudad en ciudad. Se quedan un tiempo en un sitio y luego se van a otro lugar.

feria en West Windsor, Nueva Jersey

Un poco de historia divertida

La idea de los parques de diversiones existe desde hace mucho tiempo. Nació hace más de 1,000 años.

Ferias

Había comunidades en Asia y Europa que tenían lo que hoy llamamos ferias. Esas ferias solían hacerse en fechas especiales, a menudo, en días festivos religiosos. Al principio, el propósito no era divertirse. Era vender y comprar cosas. Pero los vendedores se dieron cuenta de que, si las personas la pasaban bien, se quedaban más tiempo. Y, si se quedaban más tiempo, compraban más. Entonces, a los vendedores se les ocurrió contratar artistas para entretener al público. Había malabaristas, acróbatas, magos y cantantes.

Jardines recreativos

En el siglo XVIII, los parques de diversiones de Inglaterra eran los "jardines recreativos". En ese entonces, las ciudades inglesas estaban llenas de gente, eran ruidosas y sucias. Para escapar de todo eso, las personas pagaban una **tarifa** económica y visitaban un hermoso jardín. Podían **deambular** entre las flores y hacer pícnics. Hasta podían disfrutar de fuegos artificiales, un concierto o algún otro tipo de entretenimiento. El primero de esos jardines fue el de Vauxhall.

jardines de Vauxhall

Las ferias mundiales

Después llegaron las ferias mundiales. Ofrecían nuevos productos y nuevas formas de divertirse. La primera feria de este tipo se organizó en 1851 en Londres, Inglaterra. La **Exposición** Mundial Colombina de 1893 fue la primera feria mundial que hubo en Estados Unidos. Se realizó en Chicago, Illinois. También se la conoce como la Feria Mundial de Chicago. Había productos, comida y atracciones de todas partes del mundo.

Si te atreves...

La Exposición Mundial Colombina de 1893 ofrecía todo tipo de emociones. Los visitantes podían montar un avestruz o un camello, subirse a un globo aerostático o viajar a toda prisa en el Ferrocarril Helado, una montaña rusa cubierta de hielo.

Feria Mundial de Chicago

Los juegos son una parte importante de los parques de diversiones. Los siguientes tres son algunos de los más antiguos. Y siguen siendo muy populares.

El carrusel

Este juego suele ser una atracción hermosa y tranquila. Sin embargo, *carrusel* proviene de una palabra que significa "pequeña guerra". Hace mucho tiempo, los guerreros de Europa y Asia ponían a prueba sus habilidades montando a caballo en círculo. Es por eso que en los primeros carruseles había caballos. Hoy hay elefantes, cerdos, conejos, gallinas y hasta cocodrilos.

carrusel, alrededor de 1910, Inglaterra

montaña rusa Montaña Voladora, 1815, Ucrania

La montaña rusa

Como su nombre lo indica, es posible que las montañas rusas modernas hayan surgido de un invento ruso. En el siglo XVIII, los rusos construían unas **rampas** de madera muy altas y empinadas. En invierno, las rociaban con agua. El agua se congelaba en la superficie. Las personas subían por unas escaleras. Se montaban a unos trineos. Y bajaban, deslizándose por el hielo, hasta llegar al final. Estos antiguos toboganes de hielo eran divertidos. Y hasta daban un poco de miedo. Pero las montañas rusas modernas son enormes y complejas. ¡Y suelen dar mucho miedo!

La rueda de la fortuna

George Ferris inventó la rueda de la fortuna. La construyó para la Exposición Mundial Colombina de 1893. La primera versión tenía 36 cabinas con lugar para transportar hasta 60 personas. Estas gigantescas ruedas giratorias siguen estando entre las atracciones más populares de los parques de diversiones.

rueda de la fortuna, 1893, Chicago

Clásicos que nunca fallan

Los parques de diversiones forman parte de la vida en Estados Unidos desde hace casi 200 años. Algunos de los más antiguos todavía están abiertos. Aún hacen reír y entretienen a muchas personas.

Lake Compounce, Bristol, Connecticut

El récord se lo lleva Lake Compounce. Es el parque de diversiones más antiguo de Estados Unidos. Se abrió como un parque para pícnics en 1846. Con el paso del tiempo, se fueron agregando atracciones. En 1911 llegó un carrusel. Tenía caballos, por supuesto. También tenía una cabra. En 1927 se construyó una montaña rusa llamada Wildcat. Todavía es posible subirse a ese carrusel y a esa montaña rusa.

Lake Compounce, Bristol, Connecticut

Cedar Point, Sandusky, Ohio

Este parque se inauguró en 1870. La única forma de llegar al parque era en ferri. Así fue durante más de 80 años. Su primera montaña rusa, Switchback Railway, empezó a funcionar en 1892. En 2021, ¡ya tenía 17 montañas rusas! El parque es conocido como la capital mundial de las montañas rusas.

Coney Island, Brooklyn, Nueva York

Coney Island es famosa por muchas razones. La primera montaña rusa de Estados Unidos se inauguró allí, en 1884. Alcanzaba una velocidad máxima de seis millas (unos 10 kilómetros) por hora. Coney Island también es famosa por sus perritos calientes. Esta comida estadounidense se inventó allí. Y hay otras cosas por las que este sitio es especial. Está su desfile anual de sirenas. Y, por supuesto, el concurso anual de devoradores de perritos calientes.

Coney Island, Brooklyn, Nueva York

¿Quién inventó el perrito caliente?

Charles Feltman tenía un puesto de salchichas en Coney Island en 1867. A todos les encantaban las salchichas, pero hacían falta un plato y cubiertos para comerlas. La solución de Feltman fue servirlas en un pan abierto al medio para que las personas pudieran disfrutarlas mientras paseaban.

Dorney Park, Allentown, Pensilvania

En 1870, Solomon Dorney transformó su propiedad en un parque abierto al público. El parque tenía juegos de plaza, otros juegos y un pequeño zoológico. En 1920, se agregó una atracción llamada Whip. Todavía está en funcionamiento. Dorney Park ahora tiene siete montañas rusas, entre las que se encuentra la primera de todas, Thunderhawk, que empezó a funcionar en 1923.

Knott's Berry Farm, Buena Park, California

Primero, fue una granja donde se cultivaban bayas. Después, se agregó un mercado donde se vendían las bayas. Luego, se abrió una casa de té que servía mermeladas y pasteles que se hacían con las bayas. Más tarde, se abrió un restaurante que se hizo famoso por su pollo frito. El pollo frito era tan popular que la gente esperaba horas para entrar al restaurante. Para entretener a las personas durante la espera, la familia Knott construyó una réplica de un antiguo pueblo fantasma del Oeste. Muchos empezaron a ir solo para conocer el Pueblo Fantasma. La familia fue ampliando el Pueblo Fantasma a lo largo de los años. Se agregaron más edificios, un museo, una réplica de la Campana de la Libertad y un tobogán acuático con troncos. Knott's Berry Farm se había convertido en el primer parque temático de Estados Unidos. Su tema era el Viejo Oeste, y ese tema sigue ocupando una gran parte del parque.

Una nueva baya

La baya de boysen fue creada por Rudolph Boysen. Es una cruza entre la frambuesa, la mora y la zarzamora. Si bien la creó Boysen, fue Walter Knott de Knott's Berry Farm quien se lleva el crédito por haberla popularizado.

Knott's Berry Farm, Buena Park, California

La genial idea de Walt Disney

Cuando se habla de los parques de diversiones, tarde o temprano alguien nombra a Disney. ¿Por qué? Es por un hombre que se llamaba Walt Disney. Esta persona cambió la historia de los parques de diversiones.

¿Quién es el ratón Mortimer?

El ratón Mickey se habría llamado Mortimer de no haber sido por la esposa de Walt Disney, Lillian. Para ella, Mortimer era un nombre demasiado elegante y, por eso, sugirió cambiarlo por Mickey. El propio Walt Disney fue la voz de Mickey durante casi 20 años.

Nace el ratón Mickey

A Walt Disney siempre le gustó dibujar. Estudió dibujo cuando era pequeño. A los 18 años, ya trabajaba como ilustrador. Luego, se mudó a California. Creó una empresa con su hermano, Roy. Se llamaba Disney Brothers Studio. También se sumó otro ilustrador, Ub Iwerks. El estudio hacía **cortometrajes animados** que se proyectaban en las salas de cine. En 1928, Walt Disney e Iwerks crearon al ratón Mickey. Fue el protagonista de un cortometraje llamado *Willie y el barco de vapor.* Hoy Mickey es uno de los personajes de caricaturas más famosos de todos los tiempos.

De cortos a largos

Disney Studio tuvo mucho éxito. Walt Disney y sus socios inventaron nuevas y mejores formas de hacer películas animadas. En 1937, el estudio produjo el primer largometraje animado creado en Estados Unidos. Se trataba de *Blancanieves y los siete enanitos.* La película fue muy popular. El estudio siguió produciendo muchas películas animadas exitosas. También produjo películas con actores y actrices reales.

Walt Disney presenta un plan de animación.

Disneyland: un programa y un lugar

Walt Disney tenía una idea: abrir un parque de diversiones. Sería un parque temático. Los visitantes podrían vivir la magia de las películas de Disney. Necesitaba dinero para poder construirlo. Así que lanzó propuestas para crear programas de televisión.

Era la década de 1950. La televisión era muy nueva. No había programas a color, y solo existían tres canales. El programa de televisión de Disney se llamaba *Disneyland.* Se emitió por primera vez en 1954. Se transmitía una vez por semana y los temas se basaban en los sectores que Disney construía en su parque de diversiones. Los temas eran Adventureland, Fantasyland, Frontierland y Tomorrowland.

En 1955, Disneyland abrió sus puertas en California. La ceremonia de apertura se transmitió en vivo por televisión. La vio casi la mitad de la población de Estados Unidos. Walt Disney llamó a Disneyland "el lugar más feliz de la Tierra". Al principio, la entrada costaba un dólar. Había que pagar aparte para subir a los juegos. Costaban entre 10 y 35 centavos cada uno.

El Club de Mickey Mouse

El Club de Mickey Mouse fue una serie de televisión que creó Walt Disney y que se emitía diariamente. Se transmitió por primera vez en 1955. Los "Mouseketeers" eran actores y actrices jóvenes que cantaban y bailaban con unas orejitas de ratón. El programa presentaba un tema diferente cada día de la semana.

visitantes y atracciones en Disneyland

Disneyland fue un gran éxito. Se convirtió en un destino popular de vacaciones para las familias. A los estadounidenses les encanta. Y también llegan personas de todo el mundo. Casi un siglo después de que Walt Disney presentara al ratón Mickey en sociedad, la gran idea de Disney sigue vigente.

Walt Disney World

La **visión** de Walt Disney no se detuvo en Disneyland. Quería hacer otro parque de Disney. Este sería en Florida. Comenzó por comprar los terrenos. Pero, antes de que pudiera ver este nuevo sueño hecho realidad, Disney murió en 1966. Su hermano, Roy Disney, pasó entonces a dirigir la empresa. No dejó que el sueño de su hermano muriera. Él estaba al mando cuando el nuevo parque temático de Disney, Walt Disney World, abrió sus puertas en Florida en 1971.

En ese momento, Walt Disney World tenía un solo parque temático. Se llamaba Magic Kingdom. Hoy, hay tres parques temáticos, dos parques acuáticos y EPCOT. EPCOT ocupa un lugar especial en la visión de Walt Disney. Allí, los visitantes pueden aprender sobre distintos países del mundo.

En 2021, ya había 12 parques temáticos de Disney en seis centros turísticos de Disney, con más de 50 hoteles ubicados en diferentes países. Incluso hay **cruceros** de Disney. Llevan a los viajeros a muchos lugares del planeta, e incluso a una isla privada de Disney. Las películas de Disney, tanto las animadas como las de actores y actrices, siguen siendo muy populares. Y el ratón Mickey es aún la cara de los parques de diversiones de Disney en todo el mundo.

EPCOT

crucero de Disney

Los aromas de Disney

En los parques temáticos de Disney, cada detalle de la experiencia del visitante está cuidadosamente pensado. En distintos puntos de Disneyland y de Disney World, hay unos **dispositivos** ocultos que esparcen un aroma, como lo hacen los aromatizadores de ambientes. Según el lugar por el que pasen, los visitantes pueden sentir olor a vainilla, a palomitas de maíz, a pasteles o, incluso, a madera quemada.

Los preferidos del público

En Estados Unidos hay muchos parques de diversiones. Y todos son muy divertidos. Es imposible decir cuál es el "mejor". Estos son algunos de los preferidos del público:

Parques de Disney: los más concurridos

Los parques de Disney ocupan los cinco primeros puestos entre los parques temáticos más populares de Estados Unidos. Magic Kingdom, en Walt Disney World en Florida, se lleva el primer puesto en cantidad de visitantes por año. Disneyland, en California, ocupa el segundo puesto. Les siguen Animal Kingdom, EPCOT y Hollywood Studios. Estos tres últimos parques están en Florida.

Six Flags: Texas y más allá

El parque Six Flags Over Texas abrió sus puertas en 1961. Se llama así porque, a lo largo de la historia, seis países distintos reclamaron el territorio que actualmente ocupa Texas. El parque de Texas fue solo el comienzo. El **desarrollador** inmobiliario tuvo la idea de construir parques temáticos en distintas regiones del país. Así, no habría que viajar tanto para divertirse en un parque temático. Hoy en día, Six Flags tiene parques en Estados Unidos, Canadá y México. Todos son muy populares.

Las seis banderas

A lo largo de la historia, estos seis países han reclamado parte o la totalidad del territorio que hoy ocupa Texas: España, Francia, México, República de Texas, Estados Unidos de América y Estados Confederados de América.

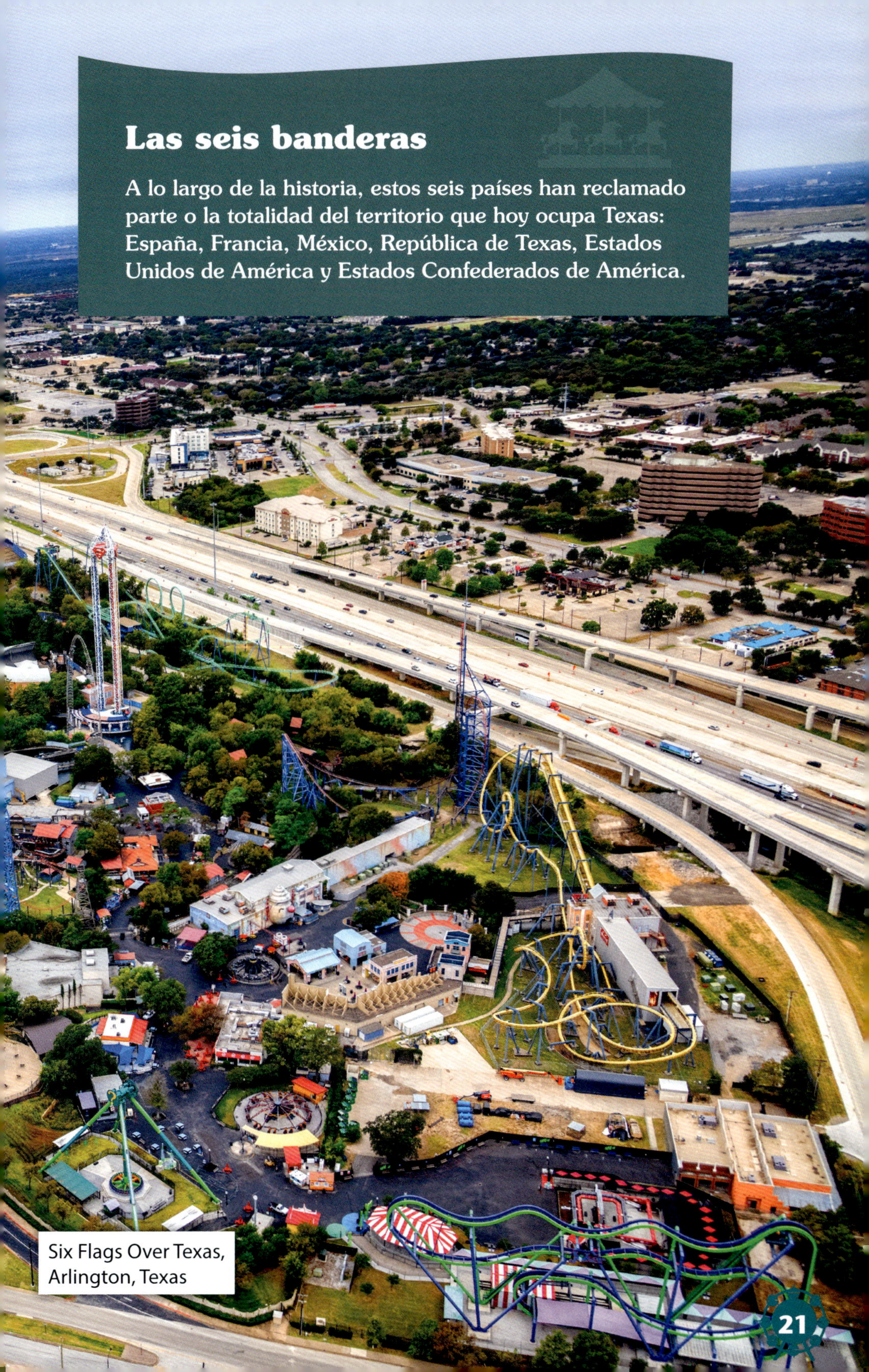

Six Flags Over Texas, Arlington, Texas

Universal Studios: tú eres el protagonista

Universal es una empresa que hace películas y programas de televisión. También tiene parques temáticos en California, Florida, Japón y Singapur. ¿Cuál es el tema? Adivinaste, ¡películas y programas de televisión! ¿Eres admirador de Harry Potter? O tal vez te gusten Bob Esponja, los Minions, Dr. Seuss o Shrek. Allí los encontrarás. También hay otros personajes y lugares de series y de películas. Las montañas rusas, otras atracciones y las experiencias de los visitantes se relacionan con el cine y la televisión. De hecho, se filman series y películas en Universal Studios, California. Allí puedes recorrer los sets de filmación y aprender sobre cómo se hacen las películas.

The Wizarding World of Harry Potter en Universal Orlando

atracción de Jurassic Park en Universal Studios de Singapur

Dollywood: la magia de las montañas

Dollywood se llama así por Dolly Parton. La cantante y actriz es una de las propietarias de este parque ubicado en Tennessee. El tema está inspirado en su vida. Dolly creció cerca de allí, en las Montañas Humeantes. Este parque tiene gran encanto campestre. También tiene mucha diversión. Hay montañas rusas increíbles, un hermoso carrusel y muchas otras atracciones divertidas. También hay un parque acuático, teatros, un museo y excelente comida sureña. En Dollywood hay muchos espectáculos musicales. También se organizan festivales especiales todos los años. Hay uno dedicado a la **música *bluegrass*** y a las barbacoas. Y hay otro que celebra las culturas de otras naciones.

Molino Grist, Dollywood

Dollywood a favor de las aves

Algunas aves increíbles son parte de la experiencia de Dollywood. Los visitantes pueden ver un espectáculo en el que es posible acercarse a las **aves rapaces** y aprender sobre ellas. En el refugio para aves Eagle Mountain Sanctuary viven águilas calvas, que están al cuidado de la fundación American Eagle Foundation.

Silver Dollar City: minería por diversión

Silver Dollar City está en Misuri. Este parque temático, que reproduce un antiguo pueblo minero, abrió sus puertas en 1960. Parece un pueblo que podría haber existido allí en la década de 1880. Tiene una **herrería**, una tienda de ramos generales y una heladería. Además, hay muestras de oficios y artesanías, festivales, espectáculos y restaurantes. Este parque también tiene atracciones supermodernas, claro que sí. Sus montañas rusas se llaman Wildfire (bosque en llamas), Outlaw Run (bandidos a la fuga) y Time Traveler (el viajero del tiempo).

Un herrero de Silver Dollar City trabaja el metal en caliente.

La tradición de Silver Dollar

En inglés, *silver dollar* significa "moneda de plata de un dólar". Los primeros visitantes de Silver Dollar City recibían una moneda de plata como cambio cuando pagaban la entrada. Cuando usaban la moneda fuera del parque, otras personas les preguntaban dónde la habían conseguido. Así es como el parque atraía nuevos visitantes sin gastar en publicidad.

Una jirafa de Busch Gardens saluda a los visitantes del parque.

montaña rusa en Busch Gardens, Florida

Busch Gardens: una vuelta por África y Europa

Busch Gardens tiene dos parques en Estados Unidos. Uno está en Florida y el otro, en Virginia. En Florida, los visitantes pueden ver manadas sueltas de animales africanos. Hasta pueden darles de comer a los flamencos con la mano. Las montañas rusas y las demás atracciones siguen el tema de África. En el Busch Gardens de Virginia, el tema es Europa. Ha sido votado por más de 30 años consecutivos como el parque temático más hermoso del mundo. Tiene varias montañas rusas muy emocionantes. Los dos parques tienen atracciones que no asustan tanto, pero que son muy divertidas. En cualquiera de los dos, puede que te encuentres con algunas caras conocidas de un lugar llamado Plaza Sésamo.

Adrenalina, emoción y risas por igual

Los parques de diversiones han pasado por una **transformación** enorme desde las primeras ferias de agricultores que se hacían unos 1,000 años atrás. Hoy nos sorprenden con su **magnitud**, tecnología y belleza. Emocionan e inspiran a grandes y chicos por igual. Sin duda, divierten, como indica su nombre. Allí, sonreímos, nos reímos y, a veces, hasta gritamos. También aprendemos sobre otras personas y lugares, sobre cómo funcionan las cosas, sobre cómo era la vida en el pasado y sobre lo que podría traernos el futuro.

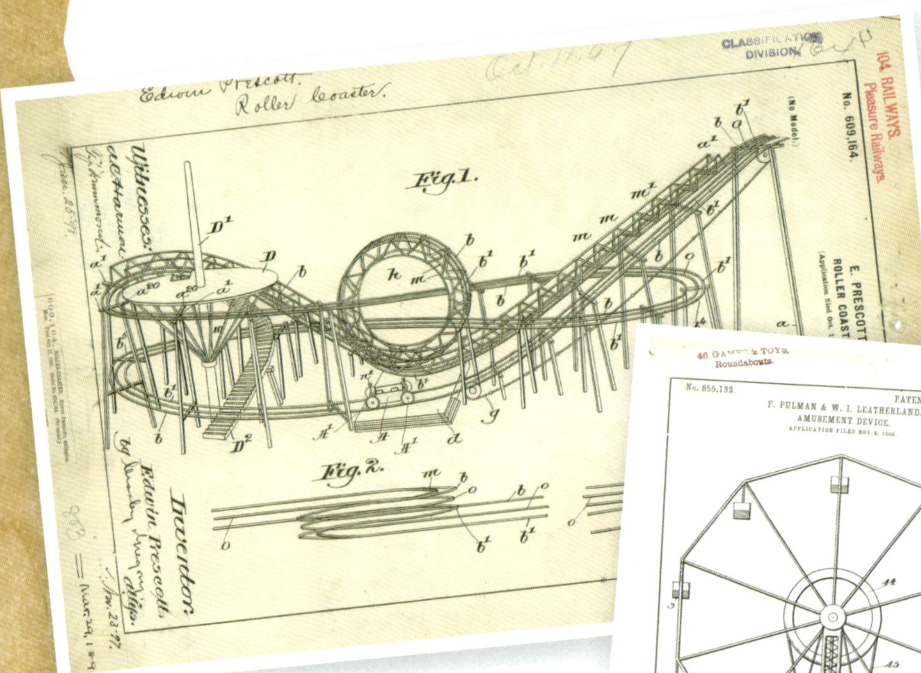

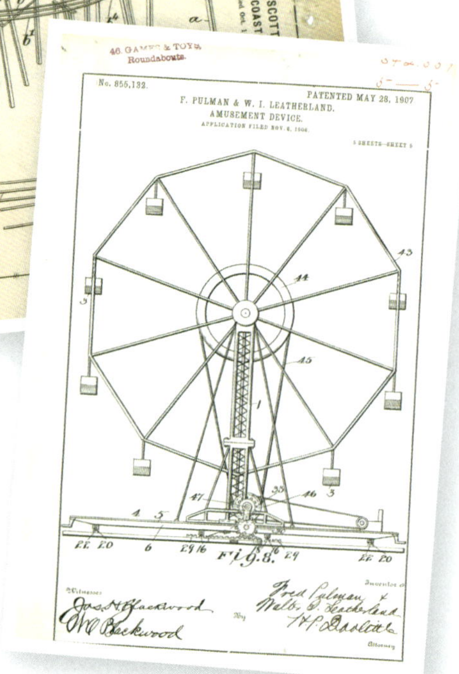

Los ingenieros diseñan juegos y atracciones apasionantes.

Coney Island, Nueva York

La próxima vez que vayas a un parque de diversiones, sea grande o pequeño, mira todo con mucha atención. Observa las cosas grandes, como los juegos y los edificios. ¿Qué hace que las máquinas funcionen? ¿Quién podría haber diseñado y construido esas **estructuras** increíbles? Además, mira las cosas pequeñas. ¿Qué te llama la atención y por qué? ¿Cómo influyen los colores en tu experiencia? ¿Cómo sabes dónde está todo y cómo llegar allí? ¿Oyes alguna música? ¿Qué tareas realizan los trabajadores y por qué es importante hacerlas?

Si prestas atención, verás que cada parque de diversiones cuenta una historia. Casi siempre son historias de creatividad y esfuerzo. Hay personas con grandes ideas y sueños detrás de todo lo que haces y ves allí.

La diversión lleva trabajo

Todo parque de diversiones necesita personas para garantizar que todo salga bien. Hay personas que venden las entradas, manejan los juegos, cocinan y mantienen todo limpio. Pero hay miles de tareas que no están a la vista. Son las que hacen los oficinistas, los inventores, los constructores, los artistas ¡y muchos más!

¡Haz un mapa!

¿A qué parques de diversiones te gustaría ir? En esta actividad, escoge con tu grupo cinco parques de diversiones a los que les gustaría ir. Luego, planifiquen qué camino deben tomar para llegar a los parques.

Estos son los pasos:

1. Con tu grupo, elige cinco parques de diversiones que aparezcan en este libro y que les gustaría visitar. Cada parque debe estar en un estado diferente. Uno de ellos puede estar en el estado en el que viven. Si es necesario, conversen o voten para llegar a un acuerdo.
2. Planifiquen un viaje en auto a cada uno de los parques que eligieron. Decidan cuál es el camino más corto. Deben comenzar el viaje donde se encuentran ahora, pasar por cada uno de los parques de diversiones y, finalmente, volver a casa.
3. Marquen el camino en un mapa. Además de los parques de diversiones, destaquen las principales ciudades por las que pasarán. Señalen también la capital de cada estado por el que pasen.

muelles de Piers, Wildwood, Nueva Jersey

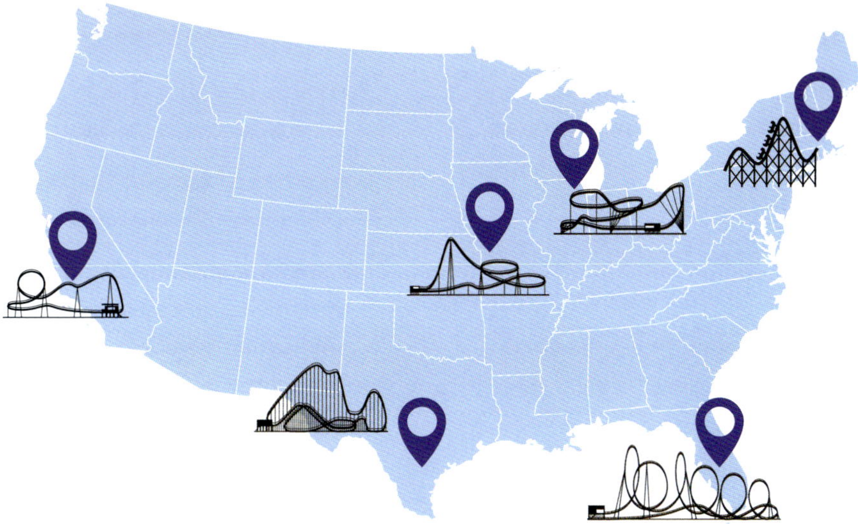

Glosario

agricultura: la ciencia de cultivar la tierra

animados: creados con una serie de imágenes que se muestran sucesivamente para que parezca que se mueven

aves rapaces: aves que cazan y comen otros animales

cortometrajes: películas cortas, que suelen durar menos de 30 minutos

cruceros: barcos grandes que llevan a muchas personas a la vez en un viaje de vacaciones

deambular: andar, caminar sin una dirección determinada

desarrollador: una persona o una empresa que planifica y desarrolla proyectos

dispositivos: aparatos que realizan una función determinada

estructuras: objetos formados por distintas piezas que se sostienen por sí mismos

exposición: una presentación o exhibición públicas

herrería: un taller donde se hacen o reparan cosas de hierro

magnitud: el tamaño, la excelencia o la importancia de algo

música *bluegrass*: un tipo de música que se toca con instrumentos como el banyo, el violín y la guitarra, y con personas que cantan en armonía

rampas: superficies inclinadas por las que se baja y se sube, por lo general, deslizándose

tarifa: una cantidad de dinero que se paga por una experiencia o un servicio específicos

transformación: un cambio completo en el aspecto de alguien o algo

visión: lo que espera alcanzar alguien en el futuro

Índice

águilas calvas, 23

Busch Gardens, 25

carrusel, 4, 8, 10, 23

Cedar Point, 11

Club de Mickey Mouse, 16

Coney Island, 11, 27

Disneyland, 16–20

Disney Studio, 15

Disney, Walt, 14–19

Dollywood, 23

Dorney Park, 12

Exposición Mundial Colombina, 7, 9

feria(s), 5–7, 26

Iwerks, Ub, 15

Knott's Berry Farm, 12–13

Lake Compounce, 10

Magic Kingdom, 18, 20

montaña(s) rusa(s), 4, 9–12, 22–25

ratón Mickey, 14–18

rueda de la fortuna, 9

Silver Dollar City, 24

Six Flags, 20–21

toboganes de hielo, 9

Universal Studios, 22

Walt Disney World, 18–20

paseo marítimo de Santa Cruz Beach, California

¡Aprende más!

Cada parque de diversiones empieza con un sueño y una visión. ¡Alguien tiene que hacerlos realidad! Aprende más sobre alguno de esos soñadores y visionarios.

- Escoge un parque de diversiones y la persona que lo fundó.
- Investiga y reúne más información sobre esa persona. ¿Cómo se le ocurrió la idea? ¿Cómo empezó? ¿Qué problemas enfrentó? ¿Quién le ofreció su ayuda?
- Una vez que tengas la información, haz un cartel en el que muestres el proceso que siguió esa persona para pasar de la idea al parque de diversiones. Imprime imágenes o haz dibujos para que el cartel sea más atractivo.

el edificio al revés de WonderWorks en el puerto de Broadway at the Beach, Carolina del Sur